바람 속의 고요가 머뭇거리는

시현실
시인선
022

바람 속의 고요가 머뭇거리는

이교헌 시집

도서출판
예맥

시인의 말

그날, 카페에 어슴푸레 저녁 기운이 내려앉을 시간까지 우리가 무슨 말을 주고받았는지 기억나지 않는 걸 어떻게 설명해야 할지 모르겠다. 이야기가 끊임없이 오고 간 것 같은데 그 내용이 사라진 것이 신기하다. 더는 생각하고 싶지 않지만, 이런 生은 미련한 것이라고 본다. 종일 그 생각뿐이었다. 지난밤, 어둠에서 날렸던 비바람이 오래도록 이쪽저쪽으로 갈피를 잡지 못하다가 끝내 지상 위에서 사라지던 기억. 잠시, 꿈이라고 생각했었는데 그건 나의 日常이었다.

2024년 가을
이교헌

| 차례 |

| 시인의 말 |

제1부

미련 *13*
나의 마음을 바람 편에 보낼 수 있겠다 *14*
비 내린 후 *16*
떠난다는 것에 대하여 *17*
병원 가는 길 *18*
이사 *20*
반지 *21*
벚나무에게서 온 편지 *23*
하이브리드 *24*
한달살이 *26*
산행 *27*
들꽃에게 주는 편지 *29*
별 *30*
간판 *32*
노을을 보며 *34*
개심사에서 *35*
그림자가 따라오지 않음을 알았다 *36*

제2부

새벽안개 39

상수리에서 40

가을 저녁은 나무에 걸려 있다 41

바람이 돌아왔다 42

김장 43

미장원에서 45

밤에 쓰는 편지 46

비가 내리면 48

너에게 묻고 싶다 50

고백 51

너를 만나러 바다에 왔다 52

소금이 왔다 53

가을 운동회 54

내 꿈이 이곳에서 물들고 있는지 물어볼 생각이다 55

가을 바다는 그리움마저 사라지게 한다 56

전화 58

나에게 묻고 싶다 59

지금처럼 비가 내리면 60

어떤 사랑 61

제3부

구름 스케치 65
기다림 66
공원에서는 67
아침 비행 68
지난여름 69
바람이 불어오면 70
바닷가에서 71
연꽃을 보았다 72
그날, 나무 곁에서 74
카페에서 75
처서 무렵에 76
발치(拔齒) 77
비바람 79
여름에 띄우는 편지 80
그의 여름 81
바람에게 그대의 안부를 묻는다 83
바람 속의 고요가 머뭇거리는 84
비를 보면서 86

제4부

장갑 89
휴면계정 90
겨울 호수 91
손톱 92
세차장에서 94
종일, 겨울비에 젖는다 95
고드름 96
겨울 강가에서 98
겨울, 연을 날리다 100
입춘(立春) 102
겨울 물고기 103
내시경 104
어느 시인의 침묵 105
안과에서 106
감기 107
서랍을 열었다 108
채석강에서 109
새집이 있는 풍경 111
바다에게 112

시해설 113

제1부

미련

꿈을 꾸었다
아주 오래전에 만났던 그 사람
그때가 어젯밤에 소환되었다는 사실

그 시간의 이야기가
고스란히 사진으로 남아있다는 게 신기했다

바람으로 흩어진 이름이었는데
봄날의 꽃향기 때문일까
아직 미련이 남은 내 마음이었을까

꿈속에서라도 말할 걸 그랬지
그것은 아니었다고
그렇게 헤어지는 건 아니었는데

그날의 사진은 꿈속에서
내내
나를 두고 맴맴 돌고 있다

그래도 어젯밤에는 달콤했다.

나의 마음을 바람 편에 보낼 수 있겠다

저만큼의 거리에서
누가 부르는 듯하여 돌아보면
어김없이 바람이다

바람은 나를 불러 세우고
저 혼자 사라진다

강물은
목적지가 있어 그곳으로 흐르고 있지만
바람은
존재감 없이 흩어지는 것이
꼭 나와 같다

문득, 강물을 바라보다가
너에게 향하는 방법이 있다는 걸 알았다

알고 있는 것이 아니라
내가 유일하게 소유한 너의 존재감을

이 자리에서
모든 계절마다의 풍경을 두고
미처 움직이지 못한 나의 마음을

바람 편에 보낼 수 있겠다

짧은 봄날,
속삭이는 봄바람.

비 내린 후

외로움을 타는 사람은
비 내린 후 거리를 걷는 것만으로도
위로를 받는다

벌써부터 마음이 떠나 있는 사람을 생각하기에는
가슴에 남아있는 단어를 끄집어내기가 어쭙잖다
비 내린 후 거리를 걷는 행위는
일종의 의식이 아닐 수 없다

사랑하기에는
이 계절이 너무 짧다고 탓할 수는 있겠지만
이렇게 있을 수는 없었다

비 내린 후
너를 생각하면서 걸었다
거리는 낯설었지만 깨끗하다

서투른 봄이 지나는 듯하다.

떠난다는 것에 대하여

어렵지는 않았다
새로이 계획하고 움직인다는 것에
인생을 걸고 싶지는 않지만
그래도 최선을 다해야겠다는 생각은
너와 나 모두 같다
생각한 것과는 다를 수 있지만
그 도시는
너를 기다릴 것이고
나는 그 풍경에 사진 한 컷
네게 선물할 작정이다
떠난다는 것은 사실
외로움을 잊으려는 마음에서 시작한 것일 수 있겠다
가방을 갖고 가는 것보다는
너와 나는 백팩을 메고
이 도시를 떠나는 것으로 결정했다
다시
이 도시로 돌아올 때는
너와 나
그 추억으로
이 계절을 지나리라
봄은 인생처럼 서투른 시간
우리가 어딘가로 떠난다는 의미와 같다

봄이 짧은 이유를 알겠다.

병원 가는 길

당신은 두렵다고 말하지 않는다
다만 가고 싶지 않을 뿐이다

내게 왜 이리 못된 것이 왔나
자식을 앞에 세워 두고
푸념이 저 산을 넘는다

의사를 만난다고 약속은 했지만
머뭇거리는 시간이 길다
지나가는 바람만큼이나 빠른
당신의 인생을 꼽아 본다

오늘
또다시 피어나는 꽃 같은 계절을
봄이라 하여 가슴에 담는다
병원 가는 길에

고쳐야지 고치면서 살아야지
고치려고 생각을 고치려 해도
답을 구하지 못한다

지나온 시간이 따라오는지

당신은 연신 뒤돌아본다
병원 가는 길에.

이사

몇 계절이 지나도록 외면했던
먼지와 나 사이를 털어내어
바람에 날려 보낸다

허허로운 시간
아름다운 이야기
켜켜이 쌓여있는 기억들
이 공간을 잊기로 한다

확장되어 가는
공간 사이를 오가며
너를 두고 가는 게
참 어렵다는 생각이 들었다

저녁노을이 예뻤던
창문을 떼어
보자기에 싸려다 그만두었다.

반지

내 생(生)에
다짐이라고는 처음입니다

당신을 향한 약속
진정한 마음을 담았습니다

시작도 끝도 모르는 고리를
저마다 하나씩 갖고는
당신과 나는
인생의 길에 같이 나서기로 합니다

혹여나
이 마음이 부족하여
당신에게 미치지 못한다면
다시 첫 마음으로 돌아갈 수 있습니다
아물리는 시간을 같이 노력하렵니다

많은 계절이 오가도
우리 두 사람 사이에
모든 것이 순(順)한 시간이 될 수 있도록
서로에게 같이 기대고 나아가려 합니다

시작과 끝이 불분명해지는 지점에 있을 때도
당신 덕분이었다고 말을 전할 수 있겠습니다

이렇게
당신에게
다함 없는 나의 사랑을
말하기는 처음입니다.

벚나무에게서 온 편지

어느 날에 이곳에 왔는지는 모를 일입니다
시간이 이렇게나 지났는지 몰랐습니다
밑동이 점점 굵어지고 있다는 생각도 못 했습니다
뿌리는 땅 위에서 서로 얽혀 기어다니듯 합니다
비바람이 몰아쳐도 이겨냈습니다
때로는 뜨거운 태양이 성가신 적도 있었습니다
눈 내리는 겨울에는 추위를 이겨내느라 고생이 심했습니다
가끔 병약한 이웃들이 사라지는 걸 보았습니다
노을이 걸린 어느 날 저녁은 근사했습니다
더욱 당신이 보고 싶었습니다
엊그제까지만 해도 아주 좋았습니다
사람과 사람 사이를 피해 다니지는 않았습니다
이 자리에서 오롯이 서 있었습니다
당신을 부르며 서 있었습니다
바람으로 흩어지기 전까시.

하이브리드*

이 계절은
비가 내리거나
바람이 불거나
서로 오가며
시간을 지나고 있다

서로가
내가 너를 알고 있듯이
너 또한 나를 알고 있다
각자 개체를 인식하며
각각의 것을 존중한다

네가 부족하다 싶으면
내가 나서면 되고
내가 힘이 든다 싶으면
네게 말해도 괜찮은 세상

내가 느끼는 마음으로
네게 나누어줄 수 있는 것이 있어 좋고
네가 갖고 있는 특별함이
나에게 용기를 주는 시간

변환하는 세상
스며드는 세상

너와 나는
이렇게 구르면서 산다
이렇듯
하이브리드 세상에 살고 있다.

* 하이브리드: 과학과 기술 분야에서는 혼합시스템이나 기술을 지칭하기 위해 사용되기 시작했다. 예를 들어 하이브리드 자동차, 하이브리드 시스템 등이 이에 해당된다.
문화와 사회 분야에서는 다양한 문화의 장르와 혼합, 혼합된 사회적 행동 등이 이에 해당된다.

한달살이

 꼭 선(線)은 지키고 싶다는 것을 보니 당신도 나와 같은 생각이었나 봅니다 우리 마음이 같다는 것이 신기하기도 하고 숙명(宿命)같다는 생각도 했습니다 당신도 나도 꼭 한 달만 살고 싶다고 했고 더는 살아서는 안 될 것 같은 강박관념을 갖고 있는 것이 처연(悽然)하기도 하고 어쩜 이렇게도 닮아 있는 것이 한편 우습기도 합니다 정말 더는 좀 더 목숨을 부지(扶支)하면 안 되는 건지 당신에게 한번 더 물어보고는 싶습니다만 우리는 곧 저 수평선 너머로 지는 해를 보며 산책을 해야 합니다 당신과 나의 남아있는 생(生)에 이렇게 바다에 잠겨 아득하게 보낼 수 있는 시간이 많지 않기 때문입니다 혹 지천(至賤)으로 꽃이 피는 계절에는 당신의 마음이 어쩔지는 모르겠습니다만.

산행

바람이 차가워
힘든 거라고 말하지는 않겠어
길에 익숙하지 못해
호흡이 고르지 못해
말을 못 해서 그랬는지는 모를 일이지만

배낭 메고
노래 부르던
그때 그 산이 아니란 말이야
분명 다른 산이었어

오르는 것보다 내려오는 게 어렵다는 데
몇 걸음 떼고는
너를 부른다
괜히 따라나섰니 했다

앞서가는 너만 힘든 게 아니다
연신 시간을 꼽아가며
너를 쫓아가는 나도 바쁘다

그렇다고
더 이상

동행(同行)은 어렵다고
말하지 않았으면 해.

들꽃에게 주는 편지

누구에게도 말하지 않았겠지
너만 알고 있는 비밀을
옹골차게 담고 있었겠구나

혹여나 비밀이라도 들킬까 싶어
지난 계절 내내
모진 추위를 이겨내면서 지켰던 네 미쁜 정성은
바람이 알고 있다

한 송이 꽃으로 피어나는 그날은
개천의 물도 졸졸
그녀의 마음이 같이 풀리면
더욱더 좋을 풍경

그 시간
이 기다림이
하루 이틀 사흘
구름처럼 피어가는 것이
봄이다.

별

밤하늘에
점점이 빛나는 것은
그 배경이 하늘이라는 것
거대한 우주가
그를 더 빛내주기 위해 있다는 것을 알았다

빛이
촘촘하다는 것은
외로움을 타고 있는 이들이
서로서로 모여 이야기한다는 것을 알았다

빛은
1초에 30만 KM의 빠르기
1광년은 빛이 1년간 나아가는 속도로
9조 4천6백8억 KM의 거리
100광년은 946조 8천억 KM
사실
꼽을 수 없는 거리를 계산해 본다

수천수억의
헤아릴 수 없는
그 숱한 빛들이 저마다의 거리에서 출발하고

더러는 어느 이름 모르는 지점에서 소멸하기도 하며
빛으로 떠돌고 있다

저 우주 너머에서부터 나를 점찍어
그 오랜 시간을 달려와
지금
내 곁에 있는 너는
나의 별이다
고맙다.

간판

저마다
독특하게 치장하고
어서 오시라
인사한다

서로서로
불을 밝히고
모두 기대어 목청껏 소리를 한다
어서 오시라

도시의 밤거리가
이렇게 따뜻했는지 미처 몰랐다

지하철역에서 1번 출구 앞 큰길에서 100미터 정도 직진
두 번째 사거리에서 신호등을 보고 우회전하여
네가 알려준 대로 가다 보니
이곳저곳에서
모두
어서 오시라
길라잡이를 한다

30미터 정도 가다가 신호등 앞에서 좌회전하니

우리가 만나기로 한 집이 보인다
역시
어서 오시라
자기 품을 내놓는다

이렇게
환대받기는
아주 오랜만이다.

노을을 보며

시간은
공간을 향해 있는 듯
점점
흐릿해지는 흔적은
이제는 찾을 수 없다

무한(無限)한 나의 욕심은
빛을 따라 이동하는 사람처럼
계속 움직인다

맴도는 언어
바람으로 날린다
저 하늘 한 편으로
흩어진다

사랑합니다
그대.

개심사에서

왕 벚꽃이 유난스러운 산사(山寺)
이 사진을 네게 보낸다

어느 시절보다
충분히 아름다운 이때
이 사연을 네게 보낸다

핑크빛이 출렁이는 산사(山寺)
이 풍경이
네 마음에 들었으면 해서
바람 편에 급히 보낸다.

그림자가 따라오지 않음을 알았다

산책길에 그림자가 따라오지 않음을 알았다
구름이 낮게 깔린 하늘
그들도 산책하는지 움직임이 조심스럽다
제 순서대로 피어난 꽃은
저마다의 숨결로 봄날을 지낸다지만
더는 화려하지 않다는 생각이 든다
첫 봄, 그 시절만큼 설레지 않음은
너를
좀 더 붙잡았어야 했던 아쉬움
메타세쿼이아 줄지어 선 공원 길
지상으로 드리워진 연둣빛 잎사귀에
바람이 얹혀 있다
번잡스럽지 않은 산책길
내내 그림자는 따라오지 않는다
생각이 깊어진다.

제 2 부

새벽안개

 불현듯이 새벽에 일어났다 새까맣게 많았던 지난밤의 기억은 이내 사라졌고 안개 가득한 도시가 눈에 잠잠히 들어왔다 가로등만이 자동차 길을 알려주는 행위를 할 뿐 아무것도 움직임을 감지할 수 없는 공간 옆 방의 어머니는 고향 친구를 만났는지 소곤거리다가 웅얼거리며 안개 속을 걷고 계신다.

상수리에서

톡
톡
도토리 떨어지는 산중에서

떡갈나무 아래
나뭇잎들이 우거져 있는 숲 사이에
딴딴한 거미 한 마리
촘촘하게 줄을 치고 앉아 있다

기다림의 미학은 사치,
생존을 위해 숨을 참는다

새벽이슬이 방울져 있던 아침부터
제 그림자가 지워질 때까지
침묵하는 시간이 길다

하늘은 가을,
거미줄은 공허하다.

가을 저녁은 나무에 걸려 있다

이따금 목구멍에서 올라오는
이름이 사방으로 흩어지고

바람은 정한 곳 없이
머뭇거리며
나뭇가지 흔들어 대는
까치를 쫓아간다

나무를 우러러보아도
떨어질 것 없는 저녁

하릴없는 나도
바람의 꽁무니를 따라나섰다.

바람이 돌아왔다

지난여름,

내 곁을 지나갔던
바람이
돌아왔다

그때는
여럿이 떠들면서
지나갔었다

무성했던 여름과 같다고
생각했었는데

혼자 돌아왔다

아뿔싸, 가만히 보니
나도
혼자서 너를 맞고 있었다.

김장

지난 계절
땡볕에 있는 것보다
더
지루한 시간
소금물에 절다

배추
한 포기
한 포기
더 이상의
싱싱함을 포기한 듯

작년보다는 덜 맵다면서
연신 고춧가루를 찾는
비장한 시간

갖은양념을
다해
가지런히 포개어 넣는다
지난 계절
바람을 같이 넣는다

올해를 갈무리하는
성대한 의식
또
다른 계절이 온다 해도
오늘
마침표를 찍는다

올해
처음으로 손을 뗀
시어머니의 눈길이
무청 색깔만큼
서늘하다

아내의 손놀림이
고단하다.

미장원에서

 어머니와 아내는 미장원에 가서 커트하고는 파마한다
 지난 계절 무성했던 시간을 잘라내고 새로이 내일을 맞으려 준비하는 시간
 어머니는 주간보호센터에 갈 요량으로 허연 머리에 묻어 있던 비바람을 버린다
 아내는 다음 주에 있을 사돈과의 미팅에 신경이 쓰여 머리를 맡겼다
 여인들은 꼬박 두 시간을 넘게 앉아 서로 인내하기로 결심했다
 움직임도 없고 말들도 없다
 새롭게 펼쳐지는 시간을 꼽아보는 것인지 알 수가 없다
 두 여인의 결투 장면은 흥미진진했다
 창밖에는 내리던 비가 멈추어 있다
 도로 위 차들도 신호등 앞에서 멈추어 서서 다음 신호를 기다리다
 어떤 사내도
 집에 가자는 신호를 기다렸다
 그날, 미장원에서.

밤에 쓰는 편지

밤과 밤사이에 무엇이 있나 싶어
궁금해서
스탠드를 켜고 살펴보았다

책상 위에는 적막한 시간이
켜켜이 쌓여 있었다
하루의 분량이다

어제와 오늘의 경계가 분명치 않은 세계를
넘나드는 시간의 흐름은
창밖에 보이는 초승달의
가느다란 빛으로 투영된다

알 수 없는 충만함이 가득한
밤과 밤사이

실없이 재채기가 나는 건
내가 외로운 걸까
혼자 있는 네가 보고 싶은 걸까

저 멀리에 있는
보이지 않는 강물은

이 도시를 넘어
까마득히 먼 곳으로 흐른다는데

밤과 밤사이에
우리는 어디로 가는 걸까.

비가 내리면

비가
내린다

자세히 보면
꼭
한 점이다

한 점이 여럿으로
수만 수억으로
직선(直線)으로 내린다
올곧다

하늘 저편에서
시작한
비는
너와 나를 이어주는
선(線)이 된다

그리운 사람
내게 오듯이
비가 내린다

내 사랑이 멈추는

그 지점이
어디인지 모른다.

너에게 묻고 싶다

어느 산 아래에서
구르던 것이었던
매서운 매질을 당하면서
지상 위로 떨어졌든 간에
그것은
아주 실하다
잘 여물었다

그 산에서
달려온 밤 자루를 펼쳐보며
나는 네 얼굴을 떠올렸다

우리는 잘 익어가고 있는지
너에게
나는 잘 물들어 가고 있는지
물어볼 생각이다

이 계절이 저물기 전에.

고백

산에는 나무가 서 있다

나무에는 단풍이 들었다

단풍은 바람에 날린다

바람에 날리는 것은 단풍만이 아니다

내 마음도 흩어졌다

흩어진 것은 늦가을, 많이 늦었다

계절만이 아니다

너에게로 가는 내 마음이다

이렇게 늦었음을 고백한다.

너를 만나러 바다에 왔다

너를 만나러 바다에 왔다
왜 이곳이냐
라고, 묻지 않았다

바다는 늘 생경한 곳이기는 하나
바라보는 내내 놀라움이 가득한 세계

저 멀리 섬이 보이지 않아
더는 외롭지 않을 것 같은
잠잠한 공간

너의 꿈이 하늘에 맞닿은 오늘,
이 바다는 우리의 배를 띄우기에 아주 적당하다

너를 만난 오늘,
저녁노을이 드리워진 이 바다를
기억하기로 약속한다

우리는 만난 것이다
이 좋은 계절
시월에.

소금이 왔다

네 얼굴은
지난 계절 내내
뜨거운 햇볕을 받아서
창백한 것인지

누구라 할 것 없이
모두 바람을 품에 안고
서걱거리는 소리를 내며
저희끼리 몸을 붙여 위로하며
남녘에 있는 염전을 떠났었다

긴 하루 동안
답답한 자루에 담겨서 숨을 참고는
도시의 어느 집에서
비로소 몸을 눕힌다

무엇이 남았을까 싶었는데
그 시간 동안의
침묵이 빠져나온다
어지럽다

아무것도 아닌데
서러워서 눈물이 난다.

가을 운동회

초등학교 담장을 끼고도는 나무들은
이맘때면 며칠이고 가을 운동회를 한다
몇 가지 색상으로 유니폼을 맞추어 입고는
일제히 바람을 기다린다

바람이 불면
털어내기 경기 스타트!
저마다 힘을 내어 바람을 마주한다
무성했던 잎들을 털어내면 승자가 된다

운동장이나 혹은
도로 위에 구르는 나뭇잎들은
또르르 또르르
운동회가 시작되었다고
알려준다

학교에 오가는 아이들은
이 풍경에 젖어 들며
조금씩 생각이 깊어진다

가을이 주는 특별한 선물이다.

내 꿈이 이곳에서 물들고 있는지 물어볼 생각이다

어젯밤에
꿈을 꾸었는데
무엇인지 생각이 나지 않는다

아직
꿈에 있는 것인가

분명
그곳에서도
이 계절만큼
고운 단풍이 있었는데

오늘, 저 산으로 가서
내 꿈이 이곳에서 물들고 있는지
물어볼 생각이다.

가을 바다는 그리움마저 사라지게 한다

계절마다 다를 게 없다고는 하지만
가을 바다는
비어 있다

바라보는 내가
외로움을 타는 걸까
바다, 네가 외로운 걸까

계절마다 다를 게 없다고는 하지만
가을 바다는
머뭇거린다

바라보는 내가
멈춰있는 걸까
바다, 네가 주저하고 있는 걸까

계절마다 다를 게 없다고는 하지만
가을 바다는
흩어져 있다

바라보는 내가
잊은 걸까

바다, 네가 나를 지운 걸까

계절마다 다를 게 없다고는 하지만
가을 바다는
내내 남아 있던
그리움마저 사라지게 한다.

전화

그 사람이
어디론가
전화하면
이 지구상에 있는
누군가의 전화기가 울린다

바람이 불면
나뭇잎이 떨어지는 것,
따스했던 해가 서쪽으로 기울면
스멀스멀 잠이 오는 것보다

훨씬 더 신비스럽다.

나에게 묻고 싶다

아침부터 저 멀리에 있는 친구는

아들 녀석의 결혼 날짜를 물어본다

전화 너머에 잠겨있는 그 목소리에

우리, 잘살고 있는 거야?

되물었다.

지금처럼 비가 내리면

지금처럼 비가 내리면
시간을 당겨오는 마법을 부리듯
훅하고 달려올 수 있는 계절이 있다
가을이다

희뿌연 구름 사이로
지짐거리는 비는
바람에 감기면서도 내리고

작년, 이맘때도 비가 내리면
이런 풍경을 가슴에 담은 적이 있었다

내 등 뒤에서 불어오는 선뜻한 바람에
네 안부를 물어보겠다는 생각도 잊었던
그때

이 계절에는
내 마음은 늘 같았다

가을이 내게 보낸 치명적인 선물 때문이다.

어떤 사랑

공원길 사람 사이로
알 수 없는 말들이
흩어집니다

서해를 바라보며 달려 나가는
강물 위에도
알 수 없는 말들이
젖어 들고 있습니다

어디에서부터 시작되었는지
짐작하기 어려우나
겨울의 문이
본격적으로 열리는 것으로 생각해도
될 듯합니다

시간과 공간, 계절과 시절,
당신과 나,
사이에서
그리고
알만한 사람은 모두 알고 있는
그런 사랑이
날리고 있습니다
지금.

제3부

구름 스케치

창문 밖 하늘에는
여러 모양의 구름이 겹겹이 쌓여
가벼워 보이지는 않은 것이
잠시, 지상과의 인연을 생각하는 듯

벌레 한 마리
생각이 많아진 것인지
숨죽이고 구름을 보는 듯
오후 시간 내내
창문에 붙어있다

그나
나는
시간이 구름에 묻어 지나가고 있음을
이제 이별의 시간이 왔음을
직감적으로 알았다

바람이 선뜻하다.

기다림

 어느 채널이든 날씨 얘기로 하루를 여는 여름날 오늘은 구름이 없고 비는 내리지 않으며 전체적으로 밋밋하고 맑은 날이기는 하나 누군가를 곁에 두기에는 뜨거울 것이라는 예상, 하늘에다 대고 물어봐야 할 것 같다 바람은 언제 볼 수 있겠냐며 언제까지 그 사람을 기다려야 하냐고.

공원에서는

어디인지도 모르는 곳으로
끝도 없이 가고 있었던
어젯밤 꿈은 사라지고

흐릿했던 하늘이 열리는
공원의 오후

잊었던 매미의 노래에
환호하는 나뭇잎

자전거 페달을 밟는
연인들의 쉼 없는 언어

우뚝 서 있는 메타세콰이어는
어젯밤의
비 내림은 잊었고

호숫가 윤슬 위에
머뭇거리는 바람

지금, 이 시간이 그리움이다.

아침 비행

우리가 하지 못할 게 없다고
두려움에 떨면 될 것도 안 된다고
고개를 들고 시선은 앞으로
건너편에 있는 동료들을 바라보면서
도로와 가까이 아주 가까이
낮게 더 낮게 비행한다면

어제 회의 결과를 놓고
모두 모여서 자기 차례를 기다리며
무서운 것은 둘째, 먼저 건너간 동료가 부러워
저 멀리서 오는 차들의 소리와
어서 건너오라는 친구들의 응원 소리가
아득하게 들려오는 이른 아침

까치는 까치들끼리, 비둘기도 저희끼리
질주하는 차량 앞에서 목숨을 건다
꼭 그래야 하나

무모한 시간이 흐른다.

지난여름

장맛비 그친
공원에 들어서니
제 이름이 있기는 하지만
눈길을 받지 못한 이러저러한 풀들이
지상 위를 덮었고
허리가 제법 굵은 나무들은
계절을 지나는 방법을 알고 있는 듯
모두가 무심하게 서 있다
오히려 고요함을 깨는
매미들의 격정적인 외침이 시작되었고
그 소리에 놀란
잠자리의 비행이 소란스러운 곳
이날
개미들은 저마다 허리띠를 졸라매고는
지상의 어딘가를 쉼 없이 오고 갔다
불현듯이
바람이 되고 싶다고 생각했다

지난여름이었다.

바람이 불어오면

태풍에 이름을 붙여주듯
불어오는 바람에
번호를 붙여 주면

지금 불어오는 바람을
2번이라 하면
그 이전의 바람은
당연하게도 1번이겠지만

또 당연한 얘기지만
다음에 불어오는 바람은 3번

폭염이 누르고 있는 여름날에
아릿거리는 나를 붙잡고
혹여나 바람이라도 불까 싶어
바람을 갖고 노는 것이
일상이 되었다

바람은
나의 바람처럼 오지 않는다는 걸
알아야 했는데
하릴없이 3번 4번을 꼽고 있다.

바닷가에서

그곳에서
떠날 때는
멀리
멀리
갈 것이라 했는데

이곳에서는
더
멀리
멀리
가야겠다는 생각이
멈추었다

미련했다는 생각이
멈추지 않는다

눈앞에 있는
저 노을을 가슴에 담는 일
그것만 해도 충분했다.

연꽃을 보았다

호수에 있는 물을
모두 마셔버릴 요량으로
당당해 보이기는 하나

자세히 뜯어보니
왠지 모를
외로움이 있어 보이는

어찌 보면 처연함마저 드는

물에 잠겨있던
네 이야기는 무엇이었는지

네 가까이 지나는
어미 오리에게 물어보아도
제 식구 찾느라 정신이 없는지
관심이 없고

흐릿한 호숫가를
어슬렁거리는 바람에라도
물어볼 생각이다

이렇게 여름이 가면
네 꿈도 스러지는 것인지.

그날, 나무 곁에서

여름이
길게 길게
이렇게 지나갈 무렵에

여름을
격정적으로 토로하던
매미의 그 소리가
잦아드는 무렵에

네 노래를 들어볼까
가만히 가만히
나무 가까이 있어 봤지만

의뭉스럽게도
네가 숨을 참는 바람에
지켜보던 나는
내 生을 마감하는 줄 알았다

그날, 나무 곁에서.

카페에서

노트북에 코를 박고 있는 사람
책에 코를 박고 있는 사람
스마트폰에 코를 박고 있는 사람
위 세 사람은
모든 걸 찾으려 하고

시간을 음미하는 사람
음악을 음미하는 사람
커피를 음미하는 사람
위 세 사람은
모든 걸 곱씹으며

타국에서 돌아온 친정 오라버니와 누이동생
프로젝트 회의하는 사람들
올가을에 결혼하는 상손의 일성을 논의하는 사람들
위 아홉 사람은
모든 걸 테이블 위에 올려놓고

그날, 카페에는
열일곱 사람이
어제는 없었던 폭염을 피해 있었다.

처서 무렵에

한여름
강더위에 지친
모든 사물이
조금조금 신신해지는
시간이 오는 듯

오늘
해거름처럼
괜찮은 날이
남은 여름이었으면

나슬나슬하게
강아지풀 같은 것이
바람결에 흔들리고

요즈음 들어서 처음으로
여름이 가는 듯하니
너를 생각할 겨를이 생겼다

여름날이 혹독한 것인지
우리 사이가 아득했었는지
반성이 필요했지만.

발치(拔齒)

입만 벌리면 먹고살기에 바빴던
내 이빨들 옆에서
불필요하게 붙어 있던
덧니 하나

불현듯이
이제는 헤어져야겠다는 생각과
그냥 살아야겠다는 생각이
여러 날 겹쳐
장맛비처럼 오락가락했다

결심을 세우는 것보다
그 실행을 고민하다가
이 계절을 지날 것 같아

이렇게 주저앉은 게
몇 번인지 몰라서
이러는 내가 싫어서

어제, 단호하게
수십 년 인연을 10분 만에 **뽑아내고는**
약간의 공허함을 느꼈다

저녁에는
비가 내렸다
창밖에 누군가 서성이듯.

비바람

창문을 열었더니
창문 크기만큼의 바람이 들어와
어서 오라고 말했다
제 뒤에 빗방울이 붙어 있는데
알고 있냐고 물었다
쓸데없는 걸 묻는다고 생각했는지
답을 하지 않는다
창문 밖 저 멀리
산 아래에는 이미 새까맣다

그들은 일을 벌이기 전에는 말하지 않는가 보다.

여름에 띄우는 편지

장맛비의 기운이 남아있는
지상 위에,
하늘이 반짝하는 사이
때가 되었다며
수없이 많은 잠자리
햇살을 반긴다

같은 몸짓으로
일제히 날고 있는 그 틈에
때가 되었다며
성급한 아이들의 작은 그물이
휘
휘
허공을 가른다

보고 싶었다고
키가 훌쩍 컸네
하며
아이들 주변을 약 올리듯 맴도는 잠자리들

모두
서로에게 서성이는 시간
지금, 여름이다.

그의 여름

계절이 여름이라
거실에서만 몸을 뉘고
잠을 자고 일어나던
그가
탈이 났습니다

요란한 장맛비에
놀란 것인지는 모르겠으나
장마전선이 오르락내리락하며
그의 감정선도
흔들린 듯합니다

자신을 살펴봐 달라고
요 며칠 동안에는
수없이 메시지도 보내왔습니다

묵묵히 일만 하는 그와
4년 하고도 5개월을 같이 있어 보니
미안한 생각이 많이 들었습니다

아
그가 로봇 청소기라는 사실을

미처 밝히지 못했습니다만

조금 늦더라도
하늘이 맑은 날
그에게
손을 내밀어 볼 생각입니다.

바람에게 그대의 안부를 묻는다

어제의 그 길을
더듬거리며 나서는 개미

어젯밤 내린 비에
제 어깨를 털지 않은 채
오늘의 날씨를 보려는 나무

짧은 시간이 아쉬워
목청껏 소리 지르는 매미

아이들 등교 시간에 맞춰
움직이는 잠자리

제 몸을 다칠까
혹여나
이 지상의 것이 흔들릴까 싶어
조심조심
기어가는 뭇 벌레들

바람에게
그대의 안부를 묻는
아침 산책길이다.

바람 속의 고요가 머뭇거리는

눈에 들어오는 모든 피사체가
정지된 듯
차라리
고요한 오후

생동감에 고요를 깨는 자는
본능에 충실한 매미뿐

사람 사이
오가는 언어생활도
숨이 막힌다

지난 장맛비는
잊은 지 오래되었고
지금
고요 속의 바람과
볼 수 없는 내 속마음,
이 뜨거움이 새롭다

이 계절에
내가 나를 바로 세운다는 게
어렵다는 사실은

작년이나 재작년이나
매년 다름이 없는 어눌함 때문일까?

순환되는 사고(思考)는
시간이 가도 진화하지 못한다

바람이 머뭇거리는 한 낮
문득
여름이 지루하다고 생각했다.

비를 보면서

네가 보낸 편지를
몇 줄 읽다가
그만둔 느낌이다

지짐거리는 비를 보면서
시간을 측정하듯
하루에도 몇 번이나 헤아려 본다

엄혹한 더위에 밀려 있었을
마뜩잖은 너를
내 좁은 마음으로 생각해 본다

이 계절이 지나면
다른 그리움이 있을 거라는
막연함이
오후 내내
가슴에서 서성인다.

제 4 부

장갑

길가에 떨어진 장갑 하나
누가 잃었을까

며칠이고 한 자리에 누워 있는 것이
안쓰럽다

누구누구와 악수하면서
그를 따라나서다 그랬는지
혹 주인의 실수로 그리되었는지는 모를 일이지만
외로워 보인다

생각하고 싶지는 않지만
주인이 다시는 찾지 않을 것이라는 확신이 든다
처연하다

봄기운이 오르고 있는
한낮
다섯 손가락 모두
하늘의 별을 헤아리고 있다.

휴면계정

이제야 생각이 들었음을 고백한다

연락이 늦었다는 걸 알았다

네가 거기에 있다는 걸 기억했어야 했다

언제고 찾아가려 했었는데 미루다 보니 이렇게 됐다

떠나려고 했던 건 더욱 아니었다

그날, 네게 문을 열어달라고 몇 번이고 두드렸었는데

불가항력이었다

그리고는 그렇게 까맣게 지워졌다

내가 무엇을 잊었는지도 몰랐다

흩어진 이름과 몇 개의 번호

정지되어 있는 내 기억 회로

겹겹이 쌓이고 엉키는 시간이 빨랐다

다행이다
네가 먼저 연락을 주어서.

겨울 호수

호수가 긴장한 듯하다
계속 조여드는 느낌
지난 며칠 동안
강추위에
얼음이 얼었다

얼음 아래 수초(水草)들은
누워 있거나 혹은 등을 곧추세우거나
저마다의 방법으로 겨울을 견뎌낸다

단단한 얼음은
쓸데없는 내 자존심을 닮았다
제 잘난 멋에 녹지 않는다

얼음 위에
눈이라도 내리면
반갑다
한 겹 덮을 것이 있어
제법 괜찮을 듯싶다

지금, 호수는 팽팽하다
얼음이 확장된 지역
겨울왕국.

손톱

바람이 지나는 길을 가리키다가
손가락을 폈다
손가락은 잘 있었고
끝자락에 있는 손톱을 보았다

손톱만큼도 없다는 말
불현듯이 생각났다
살면서 나는 얼마나 갇혀있었나

아주 가끔
이제는
끝
이라고 생각했었는데
내 의지와는 다르지만
나도 모르게
매일매일
앞으로 나아가는
나

나라고
유난히
더딘 게 아니었다

매일이고
내가
나를 알아보지 못했을 뿐

손가락을 펼쳐보니
손가락이 각각 제 방향을 가리키며
나에게 묻는다
너는 어디로 가고 있냐고

손가락 사이에서
하늘이 보이고
구름이 흐르고 있었다

손톱이 맨 앞에서 본다.

세차장에서

 어느 날, 비가 내리면 비를 맞고 어느 날, 눈이 내리면 눈을 맞고 사이사이, 먼지가 묻어 있어도 매일매일 질주하던 자동차를 세차장으로 몰고 갔다 겨울이 풀려 있는 세차장 이곳저곳에는 세례식이 진행되고 있다 물은 성스러우며 성실하고 독실한 사람들의 눈과 손은 차라리 진중하다 미뤄놓았던 숙제를 해치워버린 가벼운 기분이 아니다 내내 세차장 지붕 위에서 낮달이 빙긋이 웃는다.

종일, 겨울비에 젖는다

차마
겨울잠에 들지 못한 채
겨울비에 젖어있는
도시

비를 안고 있는 하늘 아래
비 내림을 본다

저쪽 강 건너 도시에도
같은 종류의 비가 내리고 있는
겨울, 하루가
이렇게 젖어가며 지나간다

모두 겨울비에 스며드는 섯인지
바람도 멈추어 있으며
우리 사이,
오가는 말들도 젖어 있다

헤아릴 수 없는 계절의 속셈
알 길이 없다.

고드름

스쳐 가는 바람에도
흔들리는 풍경
가슴에 스며드는 그 소리에
잠도 깨고 잠도 드는
절집

처마 끝에
고드름이 줄지어 있다
게으른 내 본성을 향한 표징(表徵)은
차라리 올곧으며
지상으로 꽂히는 듯한 그 끝이 날카롭다

한겨울 추위에
땀을 흘리면서도 허리를 곧추세우고
흐트러짐이 없는
강건한 수행자를 닮아가듯

처마 끝에
그들도
지금
동안거(冬安居)중이다

사륵사륵
나뭇가지 위에
눈이 내리는
나른한 오후
절집
모든 곳에
눈이 내린다

처마 끝 고드름이
눈을 밟으러
하나둘
지상으로 내려온다

눈이 거듭해서 내린다
영겁(永劫)의 세상.

겨울 강가에서

멀리
흘러 흘러간다고 하는 것이
고작
연말을 향해
밀고 밀리면서도
말없이 흐르는 물줄기

엊그제
그곳에 내린 눈을 제 품에 안고는
여기까지 왔음은
쉼 없는 시간을 헤쳐나가면서
고단하게 왔다는 것이다

강가에 앉아있는 새들의
알지 못할 언어나
주저함이 없는 작은 비상에도
흐르는 강물은 동요하지 않았다

그 마음은
수면아래에 있는 희미한 길을 따라
아래로 아래로 내려갈 때에도
변함이 없다

내 마음만 변했을 뿐.

겨울, 연을 날리다

겨울 추위를 이겨보겠다는 건지
눈 내린 호숫가를 보고 싶은 건지
바람을 맞으려고 간 것인지는
내 알 바 아니지만
부디 몸조심하거라

반복하는
오름과 내림
어지럼도 있을 터

당긴다고
쉬 오지는 말고
풀린다 치면
긴장하지 말거라

한 줄
선(線)으로
끝 모르게
길게 이어진
아득한 그 지점에
바람에 명(命)줄을 맡긴
네가 있다

한 줌 바람이
위대해 보인 건
처음.

입춘(立春)

지난 명절 때 받은
빨간 사과를 찬물로 닦으면서
문득
오늘이 입춘(立春)임을 알았다

언제부터였는지는 모르겠으나
이즈음이라는 것과
왠지 나를 서성이게 하는 시간이라는 기억

언제나 있는 계절이기는 하나
기다려야만 하는 이름

춘(春)아
네 이름은 참 아련하니 곱다

들뜬 내 맘을 잡으려면
저기 저쪽
남녘으로 가는 기차를 타야겠다.

겨울 물고기

 그 사람은 동네 이곳저곳에 생명을 다해 스러져 널브러진 나무들을 모아 이리저리 다듬고 깎아서 숨을 불어넣어 물고기를 탄생시킨다 물고기는 겨울이 시퍼렇게 질려 있는 날이면 제 아가미에 꿰어 있는 낚싯줄을 끊고 개울가로 가서 놀다가 저녁 무렵이면 제 집으로 돌아와 선반 위에 눕는다 하늘을 이고 있는 산 동네에 그 사람과 물고기가 살고 있다 그들은 그리움을 안고 산다.

내시경

 알다가도 모를 것이 사람 마음이라는데 이제 두어 번 봤던 사람이 내 속이 궁금하다고 한다 자기 속은 보여주지 않고 내 속을 보겠다고 한다 보여주어야 하나 말아야 하나 며칠 고민하다가 내가 가진 패를 보여주었다 두려웠다 나의 속을 들여다본 그 사람이 그랬다 속은 멀쩡하다고. (다른 데는 모르겠다는 말을 잊지 않았다)

어느 시인의 침묵

중고 서점에서 어렵사리 그 시인의 시집을 구했다
집에 돌아와 시집을 펼쳐 시인의 마음을 헤아리다가
몇몇 쪽의 여백에 옛 주인의 메모가 있음을 알았다
기왕에 내 집으로 온 것이니 나를 따르라
하며 메모 내용은 보지도 않고 지우개로 깨끗이 지웠다
다른 게 또 있나 싶어 시집 전체를 차분하게 살펴보았다
더는 없었으나
'— 침묵한다'라는 그 시인의 글에 밑줄이 그어져 있다
차마 지울 수 없었다
옛 주인에게 고맙다는 말을 전하고 싶었다
올해는 이렇게 살아야 한다고 다짐한
오후
새들이 강 건너에서 줄지어 넘어온다
어스름이 이르다.

안과에서

더 이상 볼 것이 뭐가 있냐고 나에게 물어볼 수 있겠다
불현듯이 보아야 할 이유가 있다고 생각했다
그래서 잘 봐야 할 것 같은 욕심이 생겼다
그러므로 나 스스로 눈을 잘 간직해야지
라고 생각을 하면서 검사 결과를 기다리는 시간
불안하기도 했었지만
괜찮다는 말에 개안(開眼)을 한 듯한 느낌이었다
맑은 겨울 하늘에서 눈이 내린다
나에게만 보이는 눈이다

저 멀리 보이는 강은 서해로 물결치며 흘러간다.

감기

그리 슬픈 일은 아니었는지 눈물은 빼고 콧물만 나온다
지상으로 떨어지는 콧물은 나와 달라서 막힘이 없다
사나흘 참고 지내다가 약을 먹었다
약을 먹는 행위는 곧 믿음이다
이처럼 확신을 가져본 적이 있었나 싶다
문득, 이즈음에
한 번쯤은 걸고 넘어가는 그 무엇이 있었음을 생각해 냈다
이래야만 다음 계절이 온다는 것을
며칠 내로 나을 각오로 나와 약속하고
남은 오후를 버티기로 했다.

서랍을 열었다

우리는 이미 통성명해서 서로 이름을 알고 있다
언제 이곳에 왔는지 분명하게 기억한다
다만 그가 모를 뿐이다

우리는 모두 고향이 어딘지는 알고 있다
어디에서 있다가 왔는지도 알고 있다
다만 그가 모를 뿐이다

우리는 사연이 제 각각이라 할 말이 많다
그러나 침묵하며 잠잠한 시간을 살고 있다
다만 그가 모를 뿐이다

우리는 움직일 수 없는 처지란 걸 알고 있다
바깥세상에 나가서 찬란하게 사는 삶을 꿈꾸는 게
매일(每日)의 일이다
다만 그가 모를 뿐이다

무엇일까?
단서가 될 만한 것은 당신에게도 있다
다만 잊었을 뿐이다.

채석강에서

당신을 부르다 답이 없어
한 줄
글을 써 놓았습니다

당신을 기다리다 보니
꽃이 피고 지며
미움이 쌓이고
미처 마칠 수 없어
한 줄
글을 써 놓았습니다

당신을 기다리다 보니
빗물이 흐르고 흘러
애달픔이 고이고
차마 마칠 수 없어
한 줄
글을 써 놓았습니다

당신을 기다리다 보니
바람이 불고 불며
마음이 흩어지고
이렇게 마칠 수 없어

한 줄
글을 써 놓았습니다

당신을 기다리다 보니
눈발이 날리고 날며
그리움이 녹아
그렇게 마칠 수 없었습니다

당신을 기다리다 보니
나와 당신 사이에는
수 없는 계절이 쌓이고
먼지도 쌓였습니다

당신을 기다리다 보니
당신과 나 사이에는
겹겹으로
층층으로
그 무엇인지 쌓였습니다

더는 다할 수 없어
차라리 침묵합니다.

새집이 있는 풍경

바람이 겨울나무의 잔가지를 흔들어댄다
언제 지었는지는 모르겠으나 꼭대기 부근에 새집이 있다
그곳에도 따스함이 있을 터
바람이 무심하다는 생각은 지상 위의 나뿐일까
측은하다는 생각으로 올려다보고 있다가
새들이 있기는 한지
궁금해서
겨울나무 아래에서
서성이는 나
휘 이
바람이 지나가며 곁눈질한다.

바다에게

뭔가 할 말이 있어 보여
기다리고 있는
너를 보면
미련이 있어 보여
멈추어 있는
너를 보면

끓어오르는 것이 있어 보여
일렁이고 있는
너를 보면

슬픔이 있어 보여
어쩌다 비에 젖어 잠드는
너를 보면

꼭 나를 보는 듯.

시해설

바람의 시인

이성혁(문학평론가)

 꼭 잡지나 신문을 통해 등단한 사람만 '시인'이라는 명칭을 붙일 이유는 없다. 귀글 詩에 사람 人을 붙여 만들어진 '詩人'이라는 단어는, 그야말로 시를 쓰는 사람을 의미한다. 소설가는 어느 정도 문단에서 인정을 받은 사람을 지칭한다고 해도 좋다. '가(家)'는, '일가를 이룬다'라는 말에서 볼 수 있듯이, 어느 분야에서 어느 정도 성과를 내고 사회적으로도 인정받은 이를 지칭하기 때문이다. 하지만 시인은 그러한 인정 여부와는 상관없이 시를 쓰는 사람을 의미한다. 이 시집을 쓴 이교헌 역시 '시인'이다. 이 시집의 시편들을 읽어보면, 시집의 작자가 얼마나 시를 쓰는 삶을 살고자 하는 시인인지는 느낄 수 있다. 이교헌은 시를 성실하게 계속 쓰면서 살아 가는 사람인 바, 그는 시인이다. 시집 첫머리에 실린 「미련」은 이교헌 시인이 왜 시를 쓰고자 하는지 짐작할 수 있는 시다. 시의 화자는 "아주 오래전에 만났던 그 사람"이 나오는 꿈을 꾼다. 그는 "꿈속에서라도" "그렇게 헤어지는 건 아니었"다고 말할 걸 그랬다며 미련을 갖는다. 잃어버린 사랑에 대한 미련이 그에게 꿈을 꾸게 만든 것이다.

이 꿈을 통해서라도 지금은 없는 '너'에게 자신의 마음을 보내고 싶은 욕망이 이교헌 시인이 시를 계속 쓰게 만드는 동력일 것이다.

    저만큼의 거리에서
    누가 부르는 듯하여 돌아보면
    어김없이 바람이다

    바람은 나를 불러 세우고
    저 혼자 사라진다

    강물은
    목적지가 있어 그곳으로 흐르고 있지만
    바람은
    존재감 없이 흩어지는 것이
    꼭 나와 같다

    문득, 강물을 바라보다가
    너에게 향하는 방법이 있다는 걸 알았다

    알고 있는 것이 아니라
    내가 유일하게 소유한 너의 존재감을

    이 자리에서
    모든 계절마다의 풍경을 두고

미처 움직이지 못한 나의 마음을
바람 편에 보낼 수 있겠다

짧은 봄날,
속삭이는 봄바람.

　-「나의 마음을 바람 편에 보낼 수 있겠다」 전문

　시인을 부르는 존재자가 있다. 바람이다. "존재감 없이 흩어지는" 바람은 방황하는 시인의 현 상황을 상징한다. 나아가 그 형체 없는 바람은 이젠 사라진 시인의 예전 삶을 떠올리게도 하는 동력이기도 하다. 바람의 존재는 보이지 않지만, 엄연히 존재하는 것, 그것은 우리의 촉감을 자극하면서 자신의 존재를 드러낸다. 이교헌 시인에게 바람이 불러일으키는 것은 과거의 기억, 특히 '너'에 대한 기억이다. 그를 부르고는 사라지는 바람을 감지하면서, 시인이 즉각 '너'를 떠올리는 것을 보면 말이다. 마치 과거에서 현재의 시인을 향해 부르는 '너'의 외침이 바람으로 변화해 시인에게 도달했다는 듯이. 하여, 자신 역시 이 시간을 넘나드는 바람을 통해 '너'를 향한 마음-그간 "미처 움직이지 못"해왔던-을 '너'에게 보낼 수 있는 방도가 있음을 시인은 깨닫는다. 자신의 마음을 전하는 바람, 이 바람을 불러일으키는 것이 이교헌 시인에게는 시 쓰기일 테다. 시에 마음을 담아 세상에 내놓으면, 그 시는 바람을 타고 '너'에게 도달할 수 있으리라는 희망을 품고 쓰는 시. 그 시는 강물처럼 "목적지가 있어 그곳으로 흐르"는 주소 적힌 편지와 같지는 않다. 바람처럼 돌아다니다가 너에게 도착하리라고 믿으며 시를 쓰는 것이다. 모든 시인이 그렇듯이.

시가 '너'에게 도달하리라는 것은 보장될 수는 없다. 바람의 길은 정해져 있지 않다. 하지만 이교헌 시인에 따르면, 삶은 바람과 같은 것이고, 삶에서 빚어지는 시 역시 그렇다. 위의 시에서도 시인은 자신을 바람과 같다고 말하고 있듯이, 삶은 한곳에 정착하지 않고 목적지 없이 떠돌아다니는 것이 그 본질이다. 하지만 그 유랑하는 삶이 매는 배낭 안에는, 떠돌아다니면서 만나는 타인들과 사건들에 대한 추억이 담겨 있다. 「떠난다는 것에 대하여」는 이러한 이교헌 시인의 기본적인 인생관이 표명되어 있는 시다. 그 시에서 시인은 말한다. "떠난다는 것은 사실/외로움을 잊으려는 마음에서 시작한 것일 수 있겠다"고. 삶은 본질적으로 외롭고, 외로움은 삶을 이동하게 만든다. 그러한 이동을 견디는 힘은 추억이다. 같은 시에서 시인이 "추억으로/이 계절을 지나리라"고 말하고 있듯이 말이다. 추억의 힘으로 바람의 삶을 살아 나가듯이, '너'에게 보내고 싶은 말이 담긴 시 역시 추억을 품고 '너'가 있는 어딘가로 바람처럼 날아갈 것이다.

'바람-시'는 마음을 전달하는 메신저다. '바람-시'는 세상 존재자들의 마음을 담아 사람들에게 나른다. 그래서 시인은 자신의 마음을 바람에 담을 수도 있지만, 뭇 존재자들의 표정에서 바람의 힘을 빌려 그 마음을 읽어 세상에 내보

내기도 한다. 가령 시인은 바람이 되어 한 송이 들꽃에서 "너만 알고 있는 비밀"인 "모진 추위를 이겨내면서 지켰던 네 미쁜 정성을"(「들꽃에게 주는 편지」) 읽어낸다. 하지만 시를 쓴다는 행위 자체는 바람이 될 수 없다. 그 행위는 어딘가에 앉아서 기억을 되돌아보거나 세상의 모습을 관찰하면서 써야 하는 것이다. 아래의 벚나무의 모습이 바로 시인이 시를 쓰는 행위 자체를 조명하는 것으로 보인다.

> 어느 날에 이곳에 왔는지는 모를 일입니다
> 시간이 이렇게나 지났는지 몰랐습니다
> 밑동이 점점 굵어지고 있다는 생각도 못 했습니다
> 뿌리는 땅 위에서 서로 얽혀 기어다니듯 합니다
> 비바람이 몰아쳐도 이겨냈습니다
> 때로는 뜨거운 태양이 성가신 적도 있었습니다
> 눈 내리는 겨울에는 추위를 이겨내느라 고생이 심했습니다
> 가끔 병약한 이웃들이 사라지는 걸 보았습니다
> 노을이 걸린 어느 날 저녁은 근사했습니다
> 더욱 당신이 보고 싶었습니다
> 엊그제까지만 해도 아주 좋았습니다
> 사람과 사람 사이를 피해 다니지는 않았습니다
> 이 자리에서 오롯이 서 있었습니다
> 당신을 부르며 서 있었습니다
> 바람으로 흩어지기 전까지.

-「벚나무에게서 온 편지」 전문

 삶은 바람처럼 떠돌아다니기도 하지만, 다른 편에서 보면 위의 시에 나오는 벚나무처럼 생활에 뿌리를 두고 있기도 하다. 어떤 각도에서 보느냐에 따라 삶은 정반대의 사물로 상징할 수 있는 것이다. 비록 이사를 가야 하더라도, 어떤 곳에 도착하면 한동안은 그곳에 정착하여 생활해야 한다. 생활을 해나가기 위해서는 온갖 어려움을 견뎌야 한다. "눈 내리는 겨울에는 추위를 이겨내"야 하고, "비바람이 몰아쳐도 이겨"내야 한다. 온갖 어려움을 헤치며 생활을 꾸리며 살아 나가는 동안에 어느새 돌아보면 "뿌리는 땅 위에서 서로 얽"혀 있다. 그만큼 "시간이 어떻게 지났는지" 모르는 생활 속에서는 "이 자리에서 오롯이 서 있"으며 "밑둥이 점점 굵어지고 있다는 생각도 못"한다. 하지만 바쁘게 생활하는 와중에 잠시 휴식하는 시간, 가령 "노을이 걸린 어느 날 저녁"을 맞이하는 시간엔 당신을 생각하고 그리워한다. 하여 그 시간엔 "당신을 부르며 서 있"는 것인데, 이 당신을 부르는 행위가 바로 시 쓰기일 테다. 한곳에 정착하여 두 발을 땅에 박아두어야 하는 생활의 와중에, 불어오는 바람을 통해 들려오는 당신의 소리에 화답하면서 당신을 부르는 시를 쓴다…. 이 시가 완성되면 시는 바람이 되어 흩어질 터, 이 '바람-시'는 당신을 찾아 떠나갈 것이다.
 그런데 이교헌 시인의 상징 체계에서, '너'와 이어주는 존재자는 바람만이 아니다. 비 역시 그에게는 '너'와 이어주는 존재자다. 그는 "하늘 저편에서/시작한/비는/너와 나를 이어주는/선(線)이" 되며, 그래서 비는 "그리운 사람/내게 오듯이"(「비가 내리면」) 내린다고 말하고 있다. 어떻게 비는 그러한 존재자가 될 수 있는 것일까. 아마 시인에게는 바다가 특별한 공간이기 때문일 것이다.

> 너를 만나러 바다에 왔다
> 왜 이곳이냐
> 라고, 묻지 않았다
>
> 바다는 늘 생경한 곳이기는 하나
> 바라보는 내내 놀라움이 가득한 세계
>
> 저 멀리 섬이 보이지 않아
> 더는 외롭지 않을 것 같은
> 잠잠한 공간
>
> 너의 꿈이 하늘에 맞닿은 오늘,
> 이 바다는 우리의 배를 띄우기에 아주 적당하다
>
> 너를 만난 오늘,
> 저녁노을이 드리워진 이 바다를
> 기억하기로 약속한다

우리는 만난 것이다
이 좋은 계절
시월에.

—「너를 만나러 바다에 왔다」 전문

 이교헌 시인이 "너를 만나"기 위해 가는 장소, 그곳은 바다다. 물론 바다에 가면 네가 있을 리는 없다. 하지만 저 "잠잠한 공간"을 보고 있으면, "더는 외롭지 않을 것 같"고, 그래서 '너'와 함께 있다고 상상할 수 있게 되는 것이다. 그러한 상상은 바다와 맞닿은 노을 깔리는 하늘에 "너의 꿈이" 서려 있다고 여기기에 가능하다. 시인이 보고 있는 저 바다와 하늘이 펼쳐내는 광경에서, 시인은 '너'의 존재를 느낀다. 시인의 상상 세계에서 바다는 그 자체가 바다 위에 띄워진 배와 같다. 그 '배-바다'에는 '하늘-너'가 시인과 함께 타고 있다. 그래서 시인은 바다 앞에서 "우리는 만난 것이"라고 말하며 "저녁노을이 드리워진 이 바다를/기억하"겠다고 네게 약속까지 하는 것이다. 시인에게는, 네가 바라보며 꿈꾸었을 하늘에는 '너'의 꿈이 스며들어 있을 것이어서, 하늘은 '너'와 동일한 존재로 여겨진다. 그렇기에 하늘의 구름에도 역시 '너'의 존재가 스며들어 있을 터, 그 구름에서 내리는 비는 바로 너의 분신과 같은 존재자로 생각되는 것이다.
 그래서일까, 「가을 바다는 그리움마저 사라지게 한다」를 보면, 시인은 가을 바다에서 '너'를 느끼지 못하고 외로움을 탄다. 가을 바다의 하늘은 구름 한 점 없이 청명해서 "비어 있다"는 느낌을 주기 때문이다. 시인은 "가을 바다는 흩어져 있다"면서, "바다, 네가 나를 지운 걸까"라며 가을 바다는 "그리움마저 사라지게 한다"는 것이다. 가을은 시인에게 특별한 계절이다. 가을은 외로움을 더욱 사무치게 느끼게 한다. 그래서 가을비는 어느 계절의 비보다 더 강하게 시인을 과거의 기억으로 이끈다. 가을비를 맞으면, 시인은 "시간을 당겨오는 마법을 부리듯/훅하고 달려올 수 있는 계절"(「지금처럼 비가 내리면」)을 절감한다고 한다. 가을비가 과거의 시간을 당겨오는 것이다. "희뿌연 구름 사이로/지짐거리"며 "바람에 감기면서 내리"는 가을비는 "네 안부를 물어보겠다는 생각도 잊"(같은 시)게 한다. '선뜻한 바람'을 동반한 가을비가 너무 강렬하게 과거의 어느 때—'너'와 함께 있었던—를 현재화하기에, '너'와 오랜만에 만났다는 느낌도 주지 않았기 때문일 테다. 하지만 아래의 시를 보면, 가을의 구름은 한편으로 더욱 진한 아쉬움을 주기도 하는 바, 이별이 다가왔음을 감지케 하기 때문이다.

> 창문 밖 하늘에는
> 여러 모양의 구름이 겹겹이 쌓여
> 가벼워 보이지는 않은 것이
> 잠시, 지상과의 인연을 생각하는 듯

벌레 한 마리

생각이 많아진 것인지
숨죽이고 구름을 보는 듯
오후 시간 내내
창문에 붙어있다

그나
나는
시간이 구름에 묻어 지나가고 있음을
이제 이별의 시간이 왔음을
직감적으로 알았다

바람이 선뜻하다.

―「구름 스케치」 전문

"바람이 선뜻"한 것을 보니, 때는 가을이다. "하늘에는/여러 모양의 구름이 겹겹이 쌓여" 있는데, 시인은 "지상과의 인연을 생각하"다가 그렇게 쌓이게 된 것이라고 생각한다. 위에서 읽은 바에 따르면, 이교헌 시인에게 구름은 '너'의 존재가 스며들어 있는 것이었다. 구름이 저렇게 겹겹이 쌓인 모습 역시 '너'가 드러나는 형상일 것이다. 그런데 이 시에서 '너'는 이 지상의 존재가 아님을 알게 된다. '너'는 다만 지상과의 인연을 잊지 못하고 구름이 되어 하늘 위에 떠 있었던 것이다. '너'는 이 세상 사람이 아니라는 것임을 이 시에서 짐작할 수 있다. 구름에서 내리는 비는 저 세상에서 내리는 '너'의 분신 또는 눈물인 것, 그런데 가을 하늘 구름에서는 비가 내리지 않고 있다. "오후 시간 내내/창문에 붙어" "숨죽이고 구름을 보"고 있는 '벌레 한 마리'는 시인 자신의 객관적 상관물일 터이다. 벌레가 되어 하늘의 구름을 보면서 시인은 이 세상에 없는 '너'를 생각할 터인데, '너'-이 시에서는 '그'로 등장한다-에 대한 생각은, 비 내리지 않는 청명한 가을 하늘의 흩어져가는 구름처럼 점점 흩어질 것임을 시인은 직감한다. "시간이 구름에 묻어 지나"가면서 "이별의 시간" 역시 오고 있다는 것을 말이다. 다시 말해 가을 하늘의 구름은 시인에게 '너'와의 만남보다는 이별을, 또는 망각을 생각하게 하는 것이다.

그렇다면, 이교현 시인은 다른 계절을 어떻게 그려내고 있을지 궁금해진다. 2부에 가을에 대한 시가 많이 실렸다면, 3부에는 여름에 대한 시들이 많이 실려 있다. 이 '여름'에 대한 시편들을 살펴보자. 「지난 여름」은 여름날 공원 풍경을 스케치 한 시다. 공원에는 "눈길을 받지 못한 이러저러한 풀들이/지상 위를 덮"고 있다. "허리가 제법 굵은 나무들은" "무심하게 서 있다"고 한다. 적막한 풍경이다. 하지만 "고요함을 깨는/매미들의 격정적인 외침이 시작"된다. 이에 "그 소리에 놀란/잠자리의 비행이 소란스"럽다. 이러한 급격한 대조가 이루어지는 계절이 여름이다. 고요하고 무더운 환경 속에서 살아가는 자들은 "허리띠를 졸라매고는/

지상의 어딘가를 쉼 없이 오고" 가는 개미처럼 '격정적'으로 살아야 한다. 잠자리처럼 소란스럽게 날아다녀야 한다. 삶이란 근본적으로 고요하고 무상한 것이겠지만, 생활은 삶의 적막을 깨뜨리면서 분주하게 소리 내며 활동해야 한다. 시인이 이 시에서 "불현듯이/바람이 되고 싶다고 생각"한 것은 이유가 있다. 이 삶의 모순에서 떠나고 싶다는 생각이 들었던 것이리라. 아래의 시에 따르면 시인에게 여름은 '지루'한 것이기도 하다.

>
> 눈에 들어오는 모든 피사체가
> 정지된 듯
> 차라리
> 고요한 오후
>
> 생동감에 고요를 깨는 자는
> 본능에 충실한 매미뿐
>
> 사람 사이
> 오가는 언어생활도
> 숨이 막힌다
>
> 지난 장맛비는
> 잊은 지 오래되었고
> 지금
> 고요 속의 바람과

볼 수 없는 내 속마음,
이 뜨거움이 새롭다

이 계절에
내가 나를 바로 세운다는 게
어렵다는 사실은
작년이나 재작년이나
매년 다름이 없는 어눌함 때문일까?

순환되는 사고(思考)는
시간이 가도 진화하지 못한다

바람이 머뭇거리는 한 낮
문득
여름이 지루하다고 생각했다.

– 「바람 속의 고요가 머뭇거리는」 전문

  이교헌 시인에 따르면, 여름은 "모두/서로에게 서성이는 시간"(「여름에 띄우는 편지」)이다. 서로를 필요로 하지만 그렇다고 서로가 접촉할 수는 없을 때 서로에게 서성인다고 할 것이다. 서성인다는 것을 달리 말하면 '머뭇거린다'고 표현할 수 있다. 시인에게 여름은 그 자리에서 머뭇거리며 살아 나가는 계절이다. 그래서 여름엔 "모든 피사체가/정지된 듯" 보이는 것이다. 사람들 사이의 소통도 잘되지 않아서, "숨이 막"힐 지경이다. 시간은 '순환'되고, 그래서 그 무엇도 진화하지 않은 시간이 여름의 시간인 것, 하지만 이러한 정지된 시간 속에서 "내 속마음"의 뜨거움만은 '새롭다'고 시인은 말한다. 그것은 바람 같은 삶이 그만 한 곳에 고여 버리는 이 여름의 시간이 시인에게 자신에 대해 반성할 수 있는 시간을 제공하기도 하기 때문일 터이다. 이러한 진술 바로 다음에 시인은 "이 계절에/내가 나를 바로 세운다는 게/어렵다는 사실"에 대해 말하고 있는 것을 보면 말이다. 즉 고요와 정지 속에서 타인과 소통도 되지 않는 상황에서도 자신을 바로 세워야 한다는 어떤 의지를 잃어버리지 않으려고 애쓰는 마음, 이 애씀이 마음에 언제나 새로운 뜨거움을 가져오는 것이다.

하지만 이교헌 시인은, 여름에는 "나를 바로 세운다는" 것의 모범을 보여주는 사물을 찾지 못한다. 그가 그러한 모범을 발견하는 것은 겨울에 이르러서다. 4부에 집중적으로 실려 있는 '겨울'과 관련된 시편들은 겨울날에 발견한 사물들의 어떤 면모로부터 얻은 삶의 깨달음을 보여주곤 한다.

> 스쳐 가는 바람에도
> 흔들리는 풍경
> 가슴에 스며드는 그 소리에
> 잠도 깨고 잠도 드는
> 절집

처마 끝에
고드름이 줄지어 있다
게으른 내 본성을 향한 표징(表徵)은
차라리 올곧으며
지상으로 꽂히는 듯한 그 끝이 날카롭다

한겨울 추위에
땀을 흘리면서도 허리를 곧추세우고
흐트러짐이 없는
강건한 수행자를 닮아가듯

처마 끝에
그들도
지금
동안거(冬安居)중이다
사륵사륵
나뭇가지 위에
눈이 내리는
나른한 오후
절집
모든 곳에
눈이 내린다

처마 끝 고드름이
눈을 밟으러
하나둘

지상으로 내려온다

눈이 거듭해서 내린다
영겁(永劫)의 세상.

　　　　　　　　－「고드름」전문

　어느 겨울날, 시인은 '절집'에 잠시 머무는 것 같다. "스쳐 가는 바람에도" 풍경이 흔들리고, 그 흔들리며 내는 소리가 겨울 적막 안에서 퍼져 나와 시인의 가슴속에 스며든다. 이 소리는 삶에 대한 경건한 마음을 다시 불러일으키는 상황을 마련해준다. 이어 시인의 눈에 들어오는 처마 끝의 고드름들. '올곧'게 "지상으로 꽂히는 듯한" 고드름의 '끝'은, 시인에게 "게으른 내 본성을 향한 표징"처럼 다가온다. 그것은 "한겨울 추위에/땀을 흘리면서도 허리를 곧추세"우는 형상으로서 시인에게 나타나고, 시인이 "흐트러짐이 없는/강건한 수행자를" 떠올리게 만든다. '동안거(冬安居)하면서 하는 수행. 이 고드름의 수행으로부터 시인은 삶의 추위를 견뎌내는 자세를 배우는 것이다. 그런데 시인의 발견은 여기에 그치지 않는다. "모든 것에/눈이 내"려 지상엔 눈이 쌓이고, 눈 쌓이는 풍경은 세상의 '영겁'을 드러낸다는 것을 발견한다. 나아가 고드름들은 이 눈을 밟으려고 하나둘씩 뚝뚝 떨어지고 있다는 것도 포착해 낸다. 고드름들의 수행은 자신만의 깨달음에 그치는 것이 아니다. 그것들은 '영겁의 세상'으로 떨어지기 위해 수행하는 것이다.

  절집에서 고독하게 '동안거'하는 시인은, 저 고드름으로부터 흔들리지 않는 수행의 자세와 그 수행은 세상에 새로이 투신하는 것으로 전환되어야 한다는 것을 배운다. 추운 겨울날, 시인의 눈에 들어오는 사물들은 이렇듯 시인에게 삶을 살아가는 어떤 자세를 깨닫게 해준다. 「겨울 강가에서」는 겨울 강의 모습이 시인에게 주는 깨달음을 보여준다. "쉼 없는 시간을 헤쳐나가면서/고단하게" 흐르는 겨울 강은, "새들의/알지 못할 언어나/주저함이 없는 작은 비상에도" 동요하지 않고 변함이 없는 삶의 자세를 드러내 준다는 것이다. 또한 「겨울 호수」에서 시인은 '강추위'에 얼어붙은 호수의 그 '단단한 얼음'으로부터 "제 잘난 멋에 녹지 않는" '자존심'을 발견한다. 그리고 그 "얼음 아래" "누워 있거나 혹은 등을 곧추세우"고 있는 수초들로부터는 "저마다의 방법으로 겨울을 견뎌"내는 민초들의 모습을 발견하기도 한다. 이러한 시편들을 볼 때, 겨울은 시인에게 새로운 발견과 이로부터 삶을 살아 나갈 자세를 배우게 해주는 계절이다. 특히 얼음이 되어서까지 추위를 흔들리지 않고 단단하게 견뎌내는 삶의 자세를 시인은 겨울날의 사물들로부터 배우고 있다고 하겠다.

  그런데 이 흔들리지 않는 삶의 자세는 결국 어디로 향하게 되는가. 이 시집에서 시인의 마음이 간절하게 만나길 원하는 '너'를 향해서이다. 이젠 이 세상에 없는 '너'를 향한 마음에 흔들림이 없어야 한다는 것을 다짐하게 하는 겨울의 삶. 그러한 겨울의 삶에 대해 시인은, '어지럼'이 있을지라도, 하늘의 '너'를 향해 연을 날리는 행위로 비유한다.

겨울 추위를 이겨보겠다는 건지
눈 내린 호숫가를 보고 싶은 건지
바람을 맞으려고 간 것인지는
내 알 바 아니지만
부디 몸조심하거라

반복하는
오름과 내림
어지럼도 있을 터

당긴다고
쉬 오지는 말고
풀린다 치면
긴장하지 말거라

한 줄
선(線)으로
끝 모르게
길게 이어진
아득한 그 지점에
바람에 명(命)줄을 맡긴

네가 있다

한 줌 바람이
　　위대해 보인 건
　　처음.

　　　　　－「겨울, 연을 날리다」 전문

  위의 시는 연 날리러 가는 아이에게 해주는 충고처럼 진술되어 있지만, 사실은 자신의 마음을 두고 하는 진술이라고 볼 수 있다. 시인의 마음도 연을 날리고 있는 것이다. "네가 있"는, 저 "아득한 그 지점"을 향해서 말이다. 그 지점을 향해 올라가고 있는 연의 "한 줄/선(線)"은 '명(命)줄'이다. 즉 너를 향한 삶의 선이야말로 자신의 생명이라는 것. 바람에 그 선은 흔들린다. 하지만 바람은 너를 향한 연을 날리게 해주기도 하는 것이다. "한 줌 바람이/위대해 보"이는 건 그 때문이다. 여기서 우리는 다시 '바람'이라는 주제어와 마주하게 된다. 이 해설 서두에서 읽었던 '바람-시'의 의미가 여기서는 좀 더 깊은 의미가 있음이 드러난다. 그 바람의 삶은 결국 저 세상 아득한 지점에 있을 너를 향해 날아가는 시와 같다는 의미 말이다. 그렇게 삶을 비상시키는 '바람-시'야말로 시인에겐 한편으로 생명을 유지해 주는 삶의 힘이다. 이 힘은 겨울 추위와 같은 삶의 고단함을 굳건하게 이겨내게 하는 원동력이다. 이렇게 읽어보면, 이교헌 시인의 시의 핵심은 '바람'임을 다시 확인할 수 있다. 하여, 이교헌 시인을 '바람의 시인'이라고 명명(命名)할 수 있을 터이다.

시현실 시인선 022

바람 속의 고요가 머뭇거리는

초판 1쇄 발행 | 2024년 11월 11일

지은이 | 이교헌
발행인 | 원탁희
발행처 | 도서출판 예맥
등록번호 | 서울 바 02915
등록일 | 1999년 5월 21일

주소 07581 서울특별시 강서구 강서로 68길 36 상가 206호
전화 02·2658·6465
E-mail ymbook@naver.com

10,000원
ISBN   978-89-91411-71-5 03810